MARCAS DEL SENDERO

JESÚS ERNEY TORRES

MARCAS DEL Sendero

bubok EDITORIAL

© Jesús Erney Torres
© Marcas del sendero

ISBN papel: 978-84-686-8402-4
ISBN digital: 978-84-686-8403-1

Impreso en España
Editado por Bubok Publishing S.L.

Reservados todos los derechos. No se permite la reproducción total o parcial de esta obra, ni su incorporación a un sistema informático, ni su transmisión en cualquier forma o por cualquier medio (electrónico, mecánico, fotocopia, grabación u otros) sin autorización previa y por escrito de los titulares del copyright. La infracción de dichos derechos puede constituir un delito contra la propiedad intelectual.

Índice

Jesús Erney Torres, oriundo de Manizales (Colombia), periodista con más de 26 años de ejercicio como reportero en la radio, televisión y prensa. Premio Simón Bolívar de Periodismo 1997, categoría Mejor Reportaje en Investigación y Análisis en Televisión. Docente en varias facultades de Comunicación Social. Coautor del libro *Manual de Géneros Periodísticos*. Creador y editor del blog www.mujeresqueinspiran.info

A Dioselina, mi madre

Felicidad de segunda

Por fin tiene el álbum entre sus manos, no está arrugado ni deteriorado y lo más importante, no le falta ninguna hoja; lo mira desde la portada hasta la página sesenta y nueve. Sentado en un andén frente a una tienda, pasa lenta, muy lentamente cada hoja de ese tesoro que ya es suyo, que nadie le puede quitar y con el que ha soñado durante muchas horas. Se enteró de la venta por los afiches que llenan los muros exteriores del colegio y por las interminables historias de sus compañeros que, como él, adoran el fútbol.

Andrés Mauricio Arroyave sale del colegio público donde cursa primer año de secundaria a las cinco de la tarde y camina hacia su casa. Todos los días recorre la misma vía y no deja de mirar y escudriñar entre la basura. Al llegar a la tolva que está frente al conjunto residencial La Esperanza escarba sin fastidio entre los desperdicios en busca de algo que le sirva. En alguna ocasión se encontró una lámpara, muy vieja, con un vecino consiguió un bombillo y hoy es su compañía en una improvisada mesa de noche. Y los zapatos tenis que lleva puestos, los sacó de ese lugar en donde personas que viven mejor que él, como acostumbra a expresarlo, arrojan los desperdicios.

Andrés Mauricio vive en el barrio El Paraíso, un deprimido sector en el que sobreviven cuarenta y ocho familias dedicadas al reciclaje de basuras, ubicado en un extremo de Puente Aranda. Esta zona es famosa en Bogotá porque tiene un gran complejo industrial, está muy cerca del centro de la capital y es paso obligado de quienes van del occidente con destino al sur y al oriente de la ciudad. Su lugar de estudio queda a veintitrés cuadras del rancho en el que habita. Una tía, hermana de su madre, y cinco primos mayores que él son su familia. Tanto a la ida como al regreso del plantel, pasa por barrios de mejores condiciones. El suyo está en el estrato cero, y los que debe cruzar para llegar a su colegio son de los niveles tres y cuatro. Una enorme diferencia.

Este niño de catorce años, que debería estar ya en cuarto de bachillerato, apenas salió de la primaria porque es de esos pequeños que fue abandonado por su madre cuando tenía solo unas horas de nacido. A él en la vida siempre le ha llegado tarde lo poco que tiene. Lo que ha podido disfrutar ha sido de segunda: los juguetes dañados, la ropa desteñida, los útiles escolares incompletos, los desperdicios de los elementos del aseo. Todo ha pasado por otras manos.

Catorce años atrás una mujer dio a luz a un niño con graves problemas de peso y de talla. El alumbramiento fue entre un rancho de cartón al sur de la ciudad con las mínimas condiciones sanitarias. Después de envolverlo en una sábana amarillenta, lo dejó en el quicio de una casa desvencijada en la que vivía su hermana mayor, quien tenía varios hijos. Ella nunca supo quién era el padre de la criatura y tampoco se preocupó por saberlo. Le había advertido a su pariente que cuando el niño llegara al mundo se lo iba a dejar en la puerta porque ella no tenía ni la fuerza ni las ganas para levantarlo.

Sin dudarlo, y conociendo el origen del recién nacido, la tía lo recogió, entre carencias y sufrimientos lo mantuvo vivo. Criado entre las basuras y los objetos de segunda fue creciendo y muy pronto estuvo en la calle con sus primos buscando entre los desperdicios. Mao, como le dicen a Andrés Mauricio en el colegio, comparte sus clases con muchachos menores que él, cuya vida sí es más fácil. Se les ve en sus rostros, en su forma de vestir, en su aseo y en sus esperanzas. También en sus juguetes. Sin embargo, a la hora de compartir las horas de recreo Mao se comporta, al igual que sus compañeros, sin dificultades en las relaciones. Juegan a la pelota, corren y se divierten en medio de la inocencia propia de la edad. Él asimila que algunas personas tienen algo más que lo que su abnegada tía le puede ofrecer, pero no reniega ni se lamenta.

Tiene una preferencia por el fútbol, pero su cercanía con el balompié es mínima. No tiene televisor para ver las transmisiones, está lejos de aspirar a ir a un juego en el estadio. Los fines de semana recorre el vecindario en busca de cartón y papel para ayudar con la recolección que hacen sus primos, quienes tampoco tienen esperanzas. En ese barrio no hay tiempo para jugar.

Sabe que este año hay mundial de fútbol, que Colombia jugará con Falcao, Rodríguez, Teo, Armero, Cuadrado, Ospina y otros, en Brasil; en las carteleras del colegio ve algunas fotos y unos titulares que hablan de la cita mundialista. Sus prioridades son otras, tampoco tiene muchas, tener buenas notas y terminar sin demora el bachillerato para conseguir algún trabajo y salir adelante. Le faltan algo más de cinco años. Su mundo es muy reducido al igual que sus sueños porque lo que ve en sus calles es poco.

En el rancho donde vive la pobreza es extrema. Las paredes que protegen del frío de la capital a esta familia se han armado todos los días. De pronto aparecen una lámina, unos ladrillos, tablas o tejas que alguien deja abandonadas y que los primos o la tía arrastran hasta El Paraíso. Adentro, unas improvisadas habitaciones, separadas por pedazos de cortinas o telas un poco gruesas que cumplieron su ciclo como tendidos de cama en, esas sí, verdaderas casas.

En un rincón del rancho, debajo de unos palos y guaduas que sostienen unos costales, está el colchón donde cada noche reposa la humanidad de Andrés Mauricio. Al lado, encima de una destartalada y coja mesa de noche, está la lámpara. Ese trofeo que ilumina precariamente los momentos previos al reparador sueño que necesita. Sobresalen hojas de periódico que Mao colecciona. Son las secciones deportivas que se encuentra en los basureros. Su afición por el balompié no es una pasión, porque para que lo fuera tendría que ir a los estadios y no perderse las secciones deportivas en la televisión pero no tiene pesos para ninguna de las dos opciones. Se conforma con leer las noticias viejas de los equipos y de los jugadores.

Después de repasar a veces las mismas noticias, cierra los ojos y sueña con ser recogebolas en un partido de fútbol profesional. Con estar cerca de los jugadores en medio de ese ambiente que él no se imagina pero inventa. Es entonces cuando retorna a la realidad y mira en un rincón de su refugio unos guayos de fútbol, pero sin taches, es decir, que ya no son zapatos para ese deporte. Los recogió en una esquina donde alguien abandonó varias bolsas de basura.

Esta noche se demora más para dormir, porque no se cansa de hojear el álbum del mundial de fútbol que encontró en el basurero. Pasa cada una de las páginas y muy despacio lee los nombres de los jugadores y de los estadios, algunos impronunciables para él. Esta noche se propuso un reto: llenar el cuaderno con los caramelos. ¿Cómo lo va a lograr? Si con lo que vale un sobre de cinco figuritas es lo que su tía gasta en promedio para hacer un caldo que alcanza para almorzar y comer cada día. Se duerme con el brillante cuaderno debajo de su singular almohada: un viejo pantalón que uno de sus primos ya no usa. Despierta con la convicción de comenzar el llenado del cuaderno, pero por su cabeza nunca cruza la idea de comprar las monas porque tener monedas para negociar es una característica nada usual en su cotidianidad.

En el colegio, varios de sus compañeros le comentan que, con sus papás, están llenando el álbum. Que ya tienen a los más famosos goleadores y porteros del mundo. Cuando le toca el turno dice que apenas empezó a recoger las figuritas. Desde ese momento decidió no volver a llevar al colegio su preciado cuaderno del mundial, el álbum de Panini.

El primer día consigue ocho figuras frente a una tienda en donde algunos muchachos compran los sobres de las monas. La ansiedad por revolver con mayor fiereza la tolva de las basuras lo ocupa cada día al regreso del colegio. Con rapidez aumenta el número de caramelos. Separa las repetidas, pero decide no hacer trueques y en cambio las guarda dentro del cuaderno brillante del mundial. Claro está que nadie querría cambiar con él. Con la afición de llenar el álbum le surgieron varias tareas. Buscar en los cestos de basuras, de las tiendas cercanas, las figuras que le faltan, llegar cada noche a su rancho al rito de pegarlas, labor en la que la tía de Andrés Mauricio juega un papel trascendental. Aunque está feliz, porque en una semana logra más de la mitad de las figuras, tiene varias frustraciones: no se está gozando la afición completa porque no cambia las que tiene repetidas con nadie y poco puede conversar con sus compañeros sobre cómo avanza en la colección. El álbum no sale de su casa, solo su tía conoce el proceso de llenado porque ella prepara el engrudo, combinación casera para pegar los papeles. Así ayuda a su sobrino a llenar el álbum, así sea con la parte posterior de los caramelos.

La pobreza no le permite comprar las figuras, las monas que está coleccionando son los papeles desprendibles en los que viene pegada la figura, Andrés Mauricio está llenando su cuaderno brillante del mundial con el pedazo que va para la basura. Cada hoja del cuaderno está llena de unas hojitas pequeñas donde solo aparece el número de la figura. La foto y los colores de los participantes en el mundial están en otros cuadernos brillantes, él se tiene que conformar con el desperdicio. Mao no tiene presente las caras de los jugadores, tampoco se imagina los estadios y, claro, no conoce los colores de los equipos. Su álbum es original, pero la esencia, los caramelos, son de segunda.

Sin embargo, logra llenar su álbum. La felicidad de Andrés Mauricio es mayúscula, ha sido su esfuerzo, sus ganas. Desde ahora tiene qué contar. Su inocencia le permite gozar, estar pleno en ese presente.

Rosalba, *la Curiosa*

Rosalba Ballesteros es una mujer de cuarenta y ocho años de edad y con dos hijas de veintiún y veintidós años. De baja estatura, tiene un rostro curioso. Facciones jóvenes para su edad. No tiene arrugas y su piel es suave a pesar de la vida amarga que le ha tocado en suerte. Sus ojos verdes iluminan su cara y le ponen una picardía que la hace agradable a quienes la conocen. Sus brazos son fuertes y sus manos, son la antítesis de sus mejillas: duras, recias, callosas, renegridas, parecen de hombre.

Cuando tenía doce años sus padres dejaron la vereda donde nació y creció. Buscando un mejor futuro, los mayores decidieron dejar lo que sus antepasados les habían heredado. Un cultivo de papas en la sabana y un rancho sin ninguna comodidad.

Su padre, un hombre levantado en el campo, no estudió y solo tenía dos habilidades: sabía leer; pero lo que mejor hacía era sembrar, cultivar y llevar el producto a la capital, Bogotá.

Cada que salía con las cargas de papa para la central de abastos, pensaba que algún día empacaría los corotos y con su familia se iría del todo a la ciudad donde al parecer había más oportunidades. La madre, levantada en el campo, sabía leer, pero lo que aprendió para siempre fue a cocinar y criar muchachos.

Llevaban una vida simple, elemental. Levantarse temprano, preparar el desayuno, lavar la ropa, alimentar las gallinas y despachar al colegio a Pedro Luis y a Rosalba, sus dos muchachos.

Además, acompañaba en algunos oficios a su marido. Preparar el abono, limpiar las herramientas y tener listos los costales para empacar la papa. Los domingos caminaban al pueblo y entre la misa, algunas compras, los saludos y unas cervezas, pasaban el día. La vereda donde nacieron ellos, donde se criaron, donde se casaron y tuvieron sus hijos tenía un nombre curioso: La Resbalosa.

Cuando Rosalba terminó cuarto de primaria, llegó la hora de salir. En una mañana fría, como todas las de esa zona, desarmaron las desvencijadas camas, empacaron sus ropas, las ollas y las tazas, y salieron a la ciudad.

En la tarde, ya estaban acomodados en una pieza en un lejano barrio de la ciudad. Su nueva vivienda no era ni mejor ni peor que en la que fueron criados. Un casa vieja dividida a la fuerza para albergar más familias. La pieza oscura, con solo una ventana y, en un rincón, un improvisado mueble que debía servir para la cocina.

Llegaron allí recomendados por un vecino que años antes tomó la decisión del «sueño capitalino», es decir, los que se van de sus «dominios» soñando con una vida menos dura para sus hijos en cualquier rincón de la gran ciudad, de la capital.

Con el poco dinero conseguido en las últimas semanas, cancelaron por adelantado un par de meses de arriendo. Se alimentaron de milagro, los viejos amigos, los nuevos vecinos y el «fiao», permitieron darle algo al cuerpo.

La mujer se dedicó al hogar, el hombre encontró trabajo en la construcción. De campesino tradicional pasó a ser «ruso» en la capital. Los muchachos entraron a estudiar al colegio público.

Así vivieron, entre las necesidades y los sueños. No hubo más novedades en esa familia. El jefe del hogar pasó los últimos años trabajando en la construcción. Arte que aprendió por pura necesidad. La mujer del hogar siguió lavando la ropa, cocinando y criando a sus dos hijos.

Seis años después, las afecciones cardíacas acabaron con el padre. Era el momento de la primera colecta entre el vecindario para los servicios fúnebres. Porque para la cristiana sepultura, también hay que pagar.

Rosalba se empleó en un montallantas cerca de su casa. Dejó el estudio, aunque nunca le apasionó, le hacía caso a la mamá que diariamente le decía: «Estudie, mija, para que sea alguien en la vida». No terminó el bachillerato. Los pesos que se ganaba eran destinados a comprar algo de mercado. Al principio, vendía tinto a los trabajadores y conductores que arrimaban por un servicio. Mirando aprendió a manejar los gatos, a sacar los pernos, a retirar las llantas, a quitarle el rin y a despinchar.

Pasaba la vida entre las necesidades y las ansias. A los pocos años, una tarde llegó a la pieza y la madre había dejado este mundo. Su hermano, Pedro Luis, ya no estaba con ellas, porque un día decidió, como su padre, empacar los corotos y salir en busca de la vida, esquiva siempre.

Para el entierro de su mamá fue necesario acudir a la caridad pública a través de la segunda colecta, práctica común en los barrios más pobres. Cuando alguien muere se presenta de manera silenciosa y sin regatear el sentimiento solidario de los vecinos. Dicen, en esas calles olvidadas, que no hay mejor reconciliación con el alma que ayudar con algunos pesos para darle sepultura al que se fue y que, como todos los de esas calles, no tenía en qué caerse muerto.

Y eso fue lo que ocurrió con la madre de Rosalba. La mujer dejó este mundo como lo encontró: sin esperanzas, sin comodidades, sin alientos. Se murió cansada de esperar, de imaginar un día sin necesidades. Estaba enferma de la vida.

Huérfana de padre y madre, y de mucho más, Rosalba no lo dudó y se fue a vivir con un ayudante de camión que semanalmente la visitaba en el montallantas. El muchacho viajaba a los llanos orientales por cargas de plátano en un camión manejado por el dueño y en alguna ocasión que estaban varados, una mujer de amplias caderas les llevó café y pan. Era Rosalba.

El montallantas estaba ubicado a dos kilómetros de la entrada al primer túnel de la carretera que va para el llano. Cuando Rosalba vendía tinto le gustaba pasar caminando por el sendero de peatones del túnel. Sentía algo extraño metida dentro de la montaña. Disfrutaba esas sensaciones en las que era dueña de sus sueños. Además, siempre recogía algo, era muy curiosa. Todo lo preguntaba, quería saber siempre más.

En la pieza tenía, a manera de adornos, rines de diferentes carros que encontraba en la carretera; en el baño, que compartía con los vecinos, sobresalían dos enormes espejos de camión que quedaron como símbolo de un choque en la entrada al paso subterráneo; cada día encontraba algo, lo recogía y lo guardaba, eran sus tesoros.

Fue en una de esas caminatas que conoció al ayudante de camión, que luego la buscó en el montallantas, que más adelante la llevó a un enorme parque un domingo por la tarde y que luego la apretó a su cuerpo en una tarde-noche dentro del camión que cuidaba.

Encontraron en las fugas vespertinas los momentos para su intimidad, primero, en una pieza que él pagaba en la zona del montallantas, que además no quedaba lejos de la vivienda de Rosalba y luego, en la misma cama de ella.

Ella, que poco «noviera» fue, encontró en ese muchacho una compañía y él, al principio, una diversión, luego, una obligación.

Al poco tiempo de irse para siempre la madre de Rosalba, nació la primera de sus hijas y al año, la segunda. Entre los ingresos del montallantas y los del ayudante de camión carguero de plátanos vivía esta familia.

Lo que pasó después es casi calcado de miles de familias pobres. Muchas necesidades, poca educación, infidelidades del marido, rabietas del marido, llanto de la mujer, angustia de la mujer. Zozobra de las hijas. Rutina de familia.

Por años, fue más de lo mismo. El ayudante del camión que llegaba semanalmente a la casa. La mujer que recorría cada día la distancia al montallantas y al túnel. Las hijas que estudiaron a medias y que se emplearon después de los dieciocho años como domésticas y los recuerdos diarios que Rosalba traía y que reposaban en cualquier lado de las piezas alquiladas. Después de los años y aprovechando que una familia desocupó una habitación en el mismo piso, la familia de Rosalba la tomó en alquiler.

Pero claro, tanta rutina no podía ser. No podía ser que esta familia naciera, viviera y muriera sin un hecho catastrófico.

Era normal que por el mismo trayecto en el que caminaba Rosalba diariamente cruzaran caravanas de vehículos militares. La seguridad en esa vía y la protección al túnel obligaba a desplazamientos permanentes de la tropa.

Rosalba se fue de esta vida sin prestarle atención a esas caravanas. Jamás pensó en eso. No dedicó un momento de su existencia a esos hombres, a esos carros.

Ella caminaba, trabajaba, recogía, llevaba a la casa y esperaba. De lejos se veía ágil, entusiasta; en un recodo de la vía se encontró con una bolsa de plástico que protegía una botella. Ella la levantó, ni siquiera se detuvo, siguió en la marcha, desempacó con tal espontaneidad que a lo lejos se veía segura. Destapó y la bomba incendiaria explotó y mató a Rosalba, *la Curiosa*.

Eso fue lo que dijo su hija mayor cuando le preguntaron por la muerte de su madre: «Mi mamá era muy curiosa y recogía todo lo que ella creía que le podía servir».

Rosalba se encontró a mala hora con una rudimentaria bomba que estaba dirigida a las caravanas militares muy cerca del túnel en la vía al llano. La mujer que murió era pobre, muy pobre, su vida fue desdichada y sin esperanzas, la poca felicidad que encontraba al recoger lo que tiraban a la vía fue lo que la mató.

«Recoger en la vida tanto desperdicio no es bueno, recorremos la vida llevando cargas inútiles», dijo una mujer que cruzaba en su automóvil cuando estalló el petardo en las manos de Rosalba, la montallantas del camino.

Héctor, un sísifo tal por cual

Narra la mitología griega que Sísifo fue castigado por Hermes al infierno y allí a empujar una enorme piedra hasta la cima de la montaña. Sísifo lo lograba; sin embargo, metros antes de coronar, la piedra lo sobraba y rodaba hasta el lugar del comienzo. ¡Gran frustración! En el mundo de hoy cada hombre es un sísifo que día a día empuja enormes cargas que los dioses de lo mundano lo obligan a llevar, no solo sobre su encorvada humanidad sino en su pecho, en su alma, en su cabeza y en su hígado. Héctor Becerra, quien vive en la gran ciudad, estudió comercio exterior, acaba de cumplir treinta y cinco años y de su recién matrimonio tiene una hija. Desde que obtuvo el título universitario ha tenido cuatro empleos, todos mal pagos. Pese a sus intenciones de mejorar las condiciones de vida lleva una piedra que cada año pesa más porque el sistema no le da opciones. La mujer que lo trajo al mundo se quedó viuda hace diez años y su salud se debilita poco a poco. Vive en un pueblo, lejos de la ciudad. Los emporios sanitarios condenan a sus afiliados a una muerte lenta, equivale a llevar la inmensa roca por el resto de la vida sabiendo, además, que no se logrará la meta. Los aplastará. Si no hay recursos tampoco existen alternativas de acceder a mejores cuidados médicos. Cuando Héctor se casó, también se endeudó a treinta años. Compró un apartamento de cincuenta metros cuadrados. Esa piedra lo acompañará por décadas. En cada despertar esa obligación le pesa en la cabeza y le arruga el pecho. El suave llorar de Julieta le recuerda que tiene compromisos con ese ser. Darle lo mejor. ¿Qué es lo mejor?

Mérope fue la esposa de Sísifo, fue la única de las siete hermanas que no se casó con un inmortal. ¡Vaya problema! Su existencia fue un ascenso permanente a esa montaña con la pesada carga. Lo mismo le pasa a Melva, la esposa de Héctor. Él es un hombre del común, no es un bandido como Sísifo, pero los artistas del consumismo comercial y financiero lo tratan como tal. Es un mortal tal por cual.

El hígado es la víscera más grande del cuerpo humano y desempeña funciones únicas como el almacenamiento de vitaminas para el correcto funcionamiento de las defensas. Además, cumple con la secreción de la bilis. Cada vez que Héctor llega a trabajar, el hígado se le contrae, la bilis lo desborda porque debe enfrentarse a maquinarias corruptas que le exigen coimas para lograr la legalización de mercancías. Ser parte de las mafias debilita a la persona, no hay inmunidad. Para él se cumple el símil de Sísifo, esa jornada laboral es iniciar un pesado ascenso con una penosa carga que maltrata. Él tiene dos caminos, avanzar en ese sendero oscuro y putrefacto o cerrar la puerta y seguir la ruta de la montaña del desempleo con una pesada carga. Julieta no espera, su madre no aguanta, el banco solo mira los saldos. Melva parió y da pecho, ella también come. Su hígado, el de Héctor, necesita un depurador hepático.

Sísifo se enfrentó a los dioses, se comprometió y no cumplió, asaltó y se enriqueció ilícitamente. Se ganó el infierno. Héctor, Juan Alfredo, Santiago, Roberto, Adriana, Estela, Rosa, Alicia y millones más suben cada día la montaña con pesadas piedras impuestas por poderes de este mundo que condenan al infierno a estos mortales que sueñan con cosas sencillas: disfrutar los hijos, las parejas, el gozo de la vida, la tranquilidad, la abundancia del Universo. Los viejos se mueren subiendo la montaña y los jóvenes que quedan heredan las rutas del martirio en medio del anhelo malvado y perverso de las multinacionales del consumismo comercial y financiero. Los muchachos de hoy reciben más cargas de los Hermes, tres veces poderosos; los drogan, los envilecen, les inyectan dosis del llamado libertinaje que los embota. Los castran desde su sentir. Les aniquilan sus ganas y les ponen grilletes en su alma.

Una tarde de jueves, en la mitad de la «montaña», Héctor se detuvo, arrojó la piedra y corrió frenéticamente camino abajo. Parecía volar. Saltó por encima de la roca, la superó. ¿Qué hizo? Renunció al trabajo, devolvió el apartamento, cargó a Julieta, empacó dos maletas y se marchó al campo, al lado de la mujer que le dio la vida. La abrazó, lloró con ella. Se quitó las cadenas. Fue libre sin pesos en su espalda y sin formas que lo tallaran hasta sangrar, sin fricciones en el pecho y sin bilis en su boca. Se propuso trabajar para él y no para los grupos que asfixian. Tampoco se quejó. Con Melva, su mortal y carnal compañera, iniciaron una pequeña empresa de transporte en su pueblo natal. Con lo que salvaron de las «garras» bancarias se compraron una bicicleta, le adecuaron una carpa, un par de sillas y le pusieron el revolucionario nombre de bici-taxi. En lugar de subir la montaña con una enorme piedra que talla el alma, pedalean en paz y aligeran las penas de algunos caminantes que se suben en ese vehículo para acercarse al destino. Sísifo fue promotor de la navegación, Héctor promovió en su familia surcar las rutas de la existencia con menos peso y puso en práctica una enseñanza sabia: los ricos no son los que más tienen sino los que necesitan menos para vivir.

El inmóvil soy yo

La vista que tengo desde mi sitio de trabajo nunca cambia, al frente, la entrada principal al restaurante y heladería, Antojos. Luego, a la izquierda, una sucursal del Banco Capital; a la derecha, un almacén de ropa que tiene el nombre de su dueño y fundador, Alberto Casas. Además, un enorme corredor y al fondo unas escaleras eléctricas. Estoy rodeado de locales comerciales, centros de negocio en los cuales el consumismo es característica esencial. Los cerebros que mueven al mundo al tiempo que inmovilizan la creatividad de los individuos no cesan de inventar estrategias para que todos corran a comprar desaforadamente, así haya otras necesidades. Cuántas compras se hacen solo por sentir esas emociones falsarias de la adquisición, artículos que en realidad no se requieren en casa. Ni modo, es la realidad de estas generaciones. Poco o nada voy hablar de mí, hay otras prioridades. Asisto cada día a la absorción de historias que son dejadas a la intemperie por esas personalidades, a veces, inexplicables, que rondan esta existencia. Es lunes, día de descanso de Ómar, él trabaja en una empresa de transporte y como hace turnos los domingos, el lunes está de asueto. Su narración es inacabable. De pie, frente a mí, explota:

—Llegué a los treinta y dos años y sigo viviendo con los viejos. Me siento incapaz de recoger mis trapos y salir a lo que llaman la independencia. Me asusto, pero a la vez me tranquiliza la rutina de mi vida, en mi trabajo llevo doce años, fue mi primer empleo y no he cambiado, quiero jubilarme ahí. Así mi tarea sea aburrida y monótona, vender tiquetes, tengo la seguridad de levantarme con un trabajo fijo. Tengo una novia hace quince años, desde el colegio. Cuando se pone intensa y habla de matrimonio, la persuado de que aún no es tiempo. Mis padres en ocasiones comentan sobre las personas conformistas, pero no me señalan, son como puntadas a ver si entiendo. ¡Claro que las entiendo!, pero sé que es mejor pájaro en mano que cien volando. No seguí ninguna carrera, como conseguí ese trabajo que no exige más, no veo la necesidad de endeudarme o gastar plata en cursos. La gente siempre viajará y por lo tanto siempre tendrá que comprar tiquetes. Cada mes reviso mi pago y ahí está la pensión, va engordando poco a poco. Yo pago los servicios de agua y luz en la casa y con eso aseguro la comida y la paz del hogar con todas sus comodidades. Mi padre está a punto de pensionarse en una notaría y mi madre ha desempeñado con eficiencia y orgullo su rol de ama del hogar. Somos dos hermanos, mi hermana mayor salió muy temprano de la casa y se fue a vivir a la costa, a Santa Marta, porque ella ama el mar. Estudió biología, debo decir que se endeudó con el Icetex para entrar a la universidad. Poco hablo con ella. Lo que pasa es que asume el papel de consejera y comienza con la cantaleta de que cuándo voy a sentar cabeza. No entiende que si alguien tiene claro su futuro soy yo. Estabilidad en el trabajo, futuro asegurado, comida y dormida fijas, novia firme y ante todo, la tranquilidad. La casa es de los viejos, mi padre adquirió un crédito para pagar el rancho y lo logró en quince años con la fórmula Upac. La novedad de este mes es que compré un seguro funerario, con eso, los gastos del cementerio están garantizados y hasta la tumba está fija. Semanalmente, los sábados, con algunos compañeros de trabajo me tomo unas cervezas, antes era rutina con los amigos del colegio, pero cada vez están muy ocupados estudiando en la universidad o se fueron del país o trabajan en empresas que los mantienen encerrados estudiando. Ese ritmo no es para mí. Por fortuna, mi trabajo lo realizo sentado, detrás de un vidrio, no entra frío y a la hora del almuerzo no tengo que moverme porque mi madre llega con el portacomidas y un almuerzo casero delicioso. Luego, salgo a la avenida del Terminal de Transportes y me fumo un cigarrillo y regreso a la jornada. Nada me falta.

Ómar Barrera es el nombre de este personaje, que además tiene una desordenada barba y bigote. Los lunes viene y me descarga su narración. Es como su terapia, repite la historia, cuando algo nuevo aparece, lo incluye, como hoy, con lo del seguro funerario. Es una cierta póliza para la muerte, ya invirtió en su desaparición, porque en la vida que lleva, nada se ha gastado. Pasados diez minutos se va, su día de descanso lo vive en una vuelta al centro comercial sin falta y en la tarde, se recuesta y acuesta en la cama a ver las películas de TNT. No ve nada de deportes, porque no entiende cómo, según él, la gente pierde tiempo en cosas sin sentido. Por la noche saca a la novia y en el mismo motel, cerca al barrio, calma sus ganas de sexo y repite el discurso del matrimonio: «Ya llegará el momento».

Casi todos los lunes aparece por acá, y se acerca temerosa, Esther. Ella terminó el bachillerato, cursó en el Sena algo de secretariado, pero su familia ha estado vinculada con las ventas callejeras desde siempre y, a pesar de que ella no quiere esta vida para ella, la madre y los hermanos le programan turnos en el puesto de la calle 134 con Autopista Norte en donde venden, en un kiosco, sombrillas, llaveros, pequeñas escarcelas, chanclas de plástico, minutos a celular o banderas de Colombia cuando la ocasión lo amerita. No quiere estar en la calle, pero la obligan, o al menos así lo siente, porque sus hermanos deciden por ella. A veces la mandan al puesto del barrio 20 de Julio o a uno que ella detesta, Autopista Sur con carrera 68, frente al paradero de los buses que van para Melgar. La asedian los acosadores que la convierten en blanco de comentarios ociosos y vulgares. Su relato de hoy:

—Ahora sí estoy desesperada. Me dijo mi mamá que van a poner un puesto en Chapinero y que me lo van a encargar a mí. Es al lado del almacén Éxito, uno grande que hay en la calle 53. Allá es terrible por el ruido todo el día, la joda constante de la policía y para completar, la competencia. Tengo ganas de largarme, ya no soporto más esta esclavitud, pero no veo la solución. No se me ocurre nada. Sé que debo tomar decisiones, pero algo me genera miedo o terror. Lo mismo me pasó cuando un novio que tenía en el Sena, que estudió soldadura, me dijo que nos fuéramos a vivir a Chocontá. Se consiguió un trabajo en un taller. Lleva dos años allá, ahora compró su propio equipo. Mi familia me dice: «¿Cuál es el afán de dejar la casa? Aquí lo tiene todo».

Esther Hoyos se llama esta mujer que camina entre los huecos de la indecisión. Pasa los lunes porque el banco tiene horario extendido y debe hacer una consignación de los hermanos. La semana que viene va a cumplir veintisiete años. Siente que se está quedando, sus amigas tienen hijos, algunas casadas y otras, madres solteras. La mejor compinche del colegio se fue a estudiar inglés a Estados Unidos y se quedó de ilegal y trabaja en un restaurante en Boston. «¿Habrá ventas ambulantes para vender sombrillas allá?», se pregunta cuando piensa en su «amiguis».

Sé que aquí al lado hay una librería, a veces puedo ver los títulos de los libros que promocionan. Eso me llena de anhelos y deseos de saltar a devorar el mundo y esos textos. Mis amigos, los que vienen a visitarme con sus relatos, ni los miran. La semana pasada, que pude, vi *El ruido de las cosas al caer*, de Juan Gabriel Vásquez; *El amor, las mujeres y la vida*, de Mario Benedetti; *El mundo de afuera*, de Jorge Franco; *El Poder del Ahora*, de Eckhart Tolle; además, varios títulos del centenario de la primera guerra mundial. Están anunciando con un cartel enorme un libro que se llama *Quince casos de éxito probado*, de Tringali Giuseppe. Eso suena llamativo y ambicioso.

Así pasa la vida, tengo amigos de todos los días, ocasionales, otros. Los que han venido solo una vez pero han dejado su historia. Como la del hombre que me contó que era la primera vez que venía a Bogotá y que estaría solo un par de días porque iba de paso para las minas de esmeraldas en Boyacá. El sueño verde era su obsesión. Nada de trabajar años y años sin salir de la pobreza. «Hay que meterse al hueco unos meses y salir listo a disfrutar la vida», exclamaba. O la jovencita «prepago» que me dijo que está ahorrando para hacerse una operación estética y ganar más plata en el negocio y poder retirarse en dos años a disfrutar de las ganancias. Su nombre artístico es Rosario, dice que lo que hace es pecado por lo que cada ocho días, los domingos, coge un bus y va a un barrio diferente, entra a una iglesia y se confiesa de sus faltas. Le dice al sacerdote que lo hace obligada por falta de plata y que se va a retirar en poco tiempo. Ella sigue los consejos del padre, entregarse sin placer y sin deseos sensuales. Sin dar vía libre a la fogosidad de la carne.

Yo en cambio sigo aquí. Veo pasar cientos de personas, escucho sus rumores e historias. Hablan del pasado y del futuro, poco del presente. Cargan pesadas secuelas de lo que les ha sucedido o se aprovisionan con frivolidades para el mañana sin saber cómo amanecerá. No salen del centro comercial sin comprar algo. Eso sí, me dejan sus miradas cargadas de deseos. No es para menos, me visto con lo mejor de la moda. Cambio de apariencia a diario y no me ruborizo por el conformismo, la indecisión o la ambición enloquecida.

Tampoco, así quisiera, compro los libros. Ni modo, estoy en este pasaje comercial, haciendo lo que mejor sé hacer: soy un maniquí. Desde aquí veo el mundo. Espero con ansias la luz del día, también anhelo, como mis confidentes de escaparate, que la oscuridad termine.

Mágicas estrellas

Las estrellas se apagan todas las noches de varias formas. Cuando cerramos los ojos y dormimos, cuando las nubes las ocultan y ellas, coquetas, se asoman; cuando, simplemente, no las miramos y las olvidamos. Las ignoramos.

Al dormir nos entregamos al descanso y las estrellas acompañan solidarias y dulces esas horas. No nos piden nada, no nos desvelan, nos arropan con su luz. Son extraños astros que, desde la distancia, son testigos del devenir existencial de la humanidad.

Las nubes se interponen entre las estrellas y nuestros sueños, dormidos o despiertos. Las nubes son las dudas y la desconfianza sobre la luz y su poder de iluminación. Cuando estamos quedos con las estrellas, nos cargamos del Universo. Obviamente quienes desconfían no lo logran.

Llegan las nubes, y las estrellas coquetas y traviesas nos buscan, son dulcemente inquietas. No se rinden, esperan. Las cortinas grises pasan y vuelve la intensidad del resplandor. Las dificultades también pasan.

Tantas noches que ignoramos las estrellas y las olvidamos. Pero ahí están, no fallan, no se ausentan, no nos dejan. Son como esos hombres y esas mujeres de nuestro entorno que, aunque son olvidados por las ocupaciones que ahogan, siempre brindan un abrazo, unas frases que animan y una descarga de entusiasmo. No olvidar a las estrellas, no ignorar a las personas generosas, son consignas que se constituyen en un compromiso que alivia en la oscuridad.

Porcelanas irrompibles

Cuando Dolores Cristal dejó en el suelo un plato, un pocillo y una cuchara, simulando desorden en el piso, estaba muy orgullosa de su idea. Quería recrear con esa imagen que la nueva línea de porcelanas de su empresa era irrompible. Los invitados a la exposición del lanzamiento comprenderían de inmediato el mensaje y se generaría, desde la entrada, una tertulia relacionada con el tema. Regresó a su oficina, lucía un sastre oscuro, zapatos negros de tacón y su peinado recogido adornaba el rostro iluminado por sus ojos que eran cristales verdes de ensueño. Sonreía, a su paso pasaba suavemente la mano sobre la superficie de las piezas exhibidas. Al ingresar a la oficina y revisar su teléfono móvil sintió cómo se despedazaba su optimismo. Salvador, *el Pocillo López*, conocido así desde niño porque en un accidente vial perdió una oreja, y que era socio de la empresa, le advertía que si no le vendía su parte la demandaría ante la justicia. Nueve años atrás, cuando Dolores y Salvador terminaron sus estudios de economía en la Escuela Ideas Para Siempre, juntaron algunos millones y fundaron la Fábrica Porcelanas El Rey, cuyo eslogan es «Coronando su hogar». Los rendimientos empresariales crecieron exponencialmente y cada año lanzaban nuevas líneas, con énfasis en la calidad de las vajillas y en la sobriedad de los diseños. Pero a medida que pasaban los años, llegaron los dolores de cabeza por la ambición desmedida del Pocillo López, hasta el punto que la amistad se rompió en pedazos. Esa conversación sobre la venta del 50 % de las acciones la habían sostenido en varias ocasiones y siempre terminaban fracturando más la relación que venía agrietando el buen ambiente dentro de la compañía. El mensaje decía que en breve estaría allí. En efecto, a la media hora y cuando no habían llegado los primeros invitados, Salvador hizo su ingreso a la oficina de Dolores, llevaba en sus manos el plato, el pocillo y la cuchara que la acuciosa mujer había dejado en la entrada como escenografía del evento. Dijo que recogió lo que estaba tirado en el piso. La discusión fue muy fuerte, Dolores exclamó que prefería cerrar la empresa, pero que no vendería su participación accionaria bajo presión. El sujeto la amenazó de muerte si no cedía. Dolores Cristal sintió que su esencia se rompía y explotaba. Salvador dio media vuelta y salió en busca de agua, Dolores cogió el pocillo de la exhibición y lo lanzó con todas sus fuerzas contra la puerta. No había marcha atrás, mientras el pocillo se reventaba en mil pedazos, ella pensaba que la empresa ya estaba quebrada. Comprendió entonces que no todas las porcelanas son irrompibles. Sus ojos también se fracturaron y brotaron en lágrimas. Porcelanas El Rey estaba sin corona, no hay ideas para siempre. En medio de la angustia entendió que lo que empieza algún día se acaba porque no somos dueños de nada.

Pesadilla de inmigrante

Recordar cómo llega a Canadá y cómo cruza la frontera para salir de Estados Unidos son escenas que John Mario Valdez lleva señaladas en su ser. Hacen parte de ese archivo de imágenes que se construyen en la videoteca de la mente. Cuando afloran arrugan el alma y estremecen las fibras del sentir. Se trata de un colombiano que trabajó como camarógrafo en la provincia del Valle del Cauca, al suroccidente de su país, una de las regiones con mayor presencia de mafias del narcotráfico. Fue en razón de su labor que cubrió un operativo de las fuerzas policiales contra los criminales y grabó en su cámara rostros, acciones y locaciones que le ocasionaron un cambio extremo en su vida. En los países de América Latina se habla del «sueño americano» a la posibilidad de viajar a Estados Unidos y conseguir trabajo y regularizar el estatus de ciudadano. En las últimas décadas, miles de personas lo han intentado. Sin embargo, centenares no consiguen el sueño y por el contrario lo que viven es una completa pesadilla. Cuando Valdez decide dejar su familia, su terruño y su patria, acosado por amenazas y presiones desde diferentes trincheras, emprende un periplo desde Colombia a Estados Unidos. Vive días y noches de angustia. De sentir el miedo de ir a la cárcel recorrer todo su cuerpo, de escuchar historias terribles de ilegales que son deportados, no sin antes ser humillados y ultrajados. De dolorosas jornadas de hambre e impotencia. De soledad y agonía en medio de las madrugadas huérfanas de afecto y calor. Entre los estados de California y La Florida, con visa de turista, logra acomodarse. Con otros colombianos colegas se apalanca para conseguir trabajo. Limpia jardines, tumba árboles, lava platos, limpia establos, hace de todo en itinerantes jornadas para no ser detectado por los alguaciles. En Anadarko, ciudad del condado de Caddo, trabaja en el Museo de Los Indios. Aprovechando su estatura de un metro y ochenta centímetros es contratado para que se disfrace de cacique. Invierte sus pocos dólares en la asesoría de un abogado experto en estas tragedias de inmigrantes que le provee de visa, tarjeta de salud y con eso comienza una estancia menos agitada en el país del norte. El trabajo en el que más tiempo estuvo fue como jefe de una cuadrilla de aseadores. Se movilizaban en una camioneta y cumplían sus deberes en grandes mansiones y oficinas limpiando tapetes, paredes y baños. Sus compañeros eran oriundos de El Salvador, Guatemala y Nicaragua. La serenidad le colma y las primeras jornadas que eran de pesadilla se convierten en ese sueño que significa un buen salario, mejores comodidades y una familia. Fueron seis años de construir, de evitar los malos recuerdos, de hacer suya una rutina en la que no creció, pero que le brindan la tranquilidad para seguir adelante. La fe, la fuerza y el empeño de Valdez le ganan a los obstáculos y la oscuridad parecía disolverse entre la luz de los nuevos días. Pero no fue así. El abogado de los inmigrantes resulta ser un estafador. La visa y las credenciales de salud resultaron ser falsas, y esa vida que llevaba seis años construyendo se vino abajo. Su mujer y el hijo que viene en camino se convierten en heridas profundas. El panorama no puede ser más cruel. Engañado por un abogado, perseguido por las autoridades de migración de Estados Unidos, la perentoria decisión de huir a algún lado sin la familia y sin trabajo, porque inmediatamente le cancelaron los contratos. ¿Volver a Colombia? ¿Ir a Canadá? No son muchas las alternativas, la viabilidad no es clara ni expedita, por el contrario, tortuoso se ve el sendero. De Canadá, poco o nada conoce. Sin embargo, se aventura por esta última opción. A partir de allí, Internet se convierte en la linterna que le alumbra el camino para llegar allá y pedir amparo, ayuda, refugio. Dos circunstancias le afligen en esa primera fase de la nueva pesadilla. Dinero para atravesar Estados Unidos con rumbo norte y cruzar la línea de frontera sin ser detectado, sobre todo por parte de las autoridades estadounidenses. La primera dificultad la sortea a través de un gran amigo que le presta algo de dinero, la segunda, la supera con fe y ganas de llegar a un lugar seguro. Con mapas vistos en Google y estudiados detenidamente detecta que, por el poblado de Danville, estado de Washington, puede cruzar la frontera. Camina de noche en medio del frío, el vértigo y el miedo por la presencia de animales u hombres armados. Después de extensas jornadas llega a Almond Gardens, Canadá. El Universo conspira para que este hombre logre caminar por una vía solitaria sin toparse con la Patrulla Fronteriza, sin perderse de su objetivo y sin requerir más dinero que los pocos billetes que le quedan. Primero en un taxi y luego en un autobús alcanza su sueño: Vancouver. La fecha jamás la olvida: abril 4 de 2011. En un refugio de desamparados comienza el trámite para solicitar la protección. Pasados los años, hoy transita por veredas más amables, ya está con su familia. Reparte pizzas en un carro de segunda que compró. Le quedan buenas propinas, pero su sueño es tener su propia empresa de aseo con furgones equipados para las tareas. Las imágenes de las temporadas tormentosas en Colombia y Estados Unidos reposan en sus archivos que de cuando en vez pone a rodar para recordar que la vida no es fácil. Cada historia de los treinta mil refugiados que residen en Canadá es una oda a las ganas de hombres y mujeres que se sobreponen a las dificultades y se catapultan a una vida mejor, así sea lejos de su terruño, de sus olores y de sus afectos.

El árbol enamorado

En las primeras horas del primer día del año, ese árbol enorme es testigo de las miradas profundas que él dirige a una mujer bella de ojos intensamente verdes. Ella, joven y seria, camina desprevenida por la vereda campesina y busca, tal vez, entre las hojas secas, las repuestas a las dudas cotidianas. Esas dudas que acosan cuando la pregunta es: ¿y qué voy a hacer de mi vida? Las respuestas llegan y se van como la rápida brisa que acaricia a los tres. Al árbol, a ella, a él. Él la quiere besar apasionadamente, acogerla para que la soledad que dejan esas respuestas esquivas no le produzca escalofríos, que se sienten cuando son las nubes las que no dejan ver. Ella se distrae con las flores silvestres y palpa la suavidad de los pétalos. El árbol con voz serena dice al oído del varón: «Paciencia y calma, que yo la he tenido en mi larga vida. Sembrado aquí he esperado la lluvia y, siempre, ha llegado. Es cumplida. Cuando es el sol el que necesito, lo he sentido y, en ocasiones, me ha castigado. La noche llega todas las noches y cuando me quiero abrazar a ella para sentir su compañía, simplemente recojo mis brazos cargados de hojas y espero, espero. Espérala, ella se arrimará, ella te arropará». Con la seguridad que da la experiencia y el saber, él árbol centenario siguió: «En esta orilla del camino he visto pasar miles de noches frías que no me gustan y las dejo ir, porque al día siguiente anochece de nuevo. Pero hay una con la que me he fundido en apasionadas jornadas en las que ella entra por mis raíces y me sacude la savia y siento que soy más grande que el mundo y que la tierra que me nutre se estremece con esas ganas con las que esa noche me ama y yo la amo. Nos fundimos hasta el amanecer y en muchas ocasiones el sol nos descubre abrazados, agotados, enamorados. Pero ha sido necesario esperar. ¡Tranquilo! Está bien que la desees. Está bien que te inquiete. Pero he aprendido que el amor tarda y que no llega en la víspera, llega a la hora exacta. Sembrado aquí las he visto cruzar sin mirarme y eso aumenta la dureza de mi corteza, pero ablanda mi alma. ¿Por qué? Solo porque es así como nos preparamos para esa noche larga de pasión, cuando necesitas la sensibilidad para escuchar, sentir, entender y asimilar. No es la sombra que das con tus abrazos la que las enamora, sino la calidad de esa sombra. Que refresque, cuando sea necesario; que proteja, cuando ello lo necesite y alborote la pasión cuando te mira fijamente y te desea. Somos árboles sembrados y amarrados a nuestras angustias y a nuestros deseos. Queremos tanto el amor y la compañía como los árboles se aferran a la tierra fértil. Al buscar en las noches he perdido hojas, mis raíces se han resquebrajado y los amaneceres han sido penosos, pero nada de ese sufrimiento se puede comparar cuando ella vuelve y me revitaliza con sus brisas, con sus aromas y todo su batallón de caricias que se posa en mis ramas y en mis hojas y me cosquillea». El hombre, al escuchar esas reflexiones del árbol, decide viajar a la quietud que le propone su nuevo y extraño amigo. Entre tanto, ella sigue compartiendo con las flores en medio de la brisa que agita las ramas del frondoso árbol y que arropa las sombras de estos seres solitarios entre las fragancias y rumores de la naturaleza.

Elocuente paseador

¡Jóvenes! Buenos días. En breve empezaremos el recorrido de hoy. No quiero sorpresas, ni malos ratos y menos carreras enloquecidas. Atención a las instrucciones y espero la mayor atención. Todos caminarán a mi lado, sin adelantarse, sin quedarse. Yo decido dónde y cuáles son las paradas. Mantengan su posición, ya saben lo que sucede cuando modifican sus lugares. El enredo es total.

¡Jerónimo, no te rasques mientras estoy en las instrucciones! Hoy es clave que estén atentos porque tendremos nueva ruta. Disfrutaremos del tradicional barrio de La Cabrera y sus verdes parques, recorreremos luego el sendero de la cicloruta y bordearemos el malecón del río Chapinero hasta llegar a Rosales. En todos estos lugares veremos más paseadores, ojo con exagerar el contacto con ellos.

Este mensaje es para todos, pero en especial para *Tony* y *Gaby*, nada de agresividad. No aceptaré que se muestren los dientes, y menos que intenten sacar corriendo a otros compañeros de ruta. *Alejandra*, por favor, no se reacciona agresivamente ante los saludos de los nuevos amigos, simplemente el roce y ya está, no todos los que se acercan están prevenidos. Ustedes lo saben, vivimos en completa búsqueda. Encontraremos muchas hembras en el recorrido, pero no vamos a tener contactos más allá de lo normal, no quiero escenas y menos líos con otros paseadores. Les pido control, nada de persecuciones, a todos les llegará la hora de aparearse, pero no será hoy. El recorrido es de tres horas. Nos detendremos en el lago central para beber agua y refrescarnos, llevo las provisiones y si se portan bien, los premiaré en su momento. A la voz de detenerse, todos paramos; cuando sea necesario sentarse, hacen caso; todos en grupo, este es un trabajo en equipo; olvídense de las jornadas en familia que hacen lo que quieren, aquí venimos en colectivo y así actuamos. Ninguno entrará al agua. ¿Está claro? Hoy no se incluye en la ficha el baño, así que no insistan. Como se habrán enterado, hoy no está con nosotros *Ignacio*. Ayer estuvo demasiado inquieto, no mantuvo la posición y generó desorden y problemas en la marcha, así que no viajará más con nosotros. Hay una zona de mucha congestión vehicular, por favor, ayúdense en ese paso. *Rafa*, *Nando*, *Richard* y *Benny*, que son los mayores, ayudarán a mantener en línea a los pequeños, sobre todo a *Sebas* y a *Xime*, que apenas se están familiarizando con estos detalles. Por favor, y esto es de todos los días, no se juega con extraños, no se recibe nada de comidas que les ofrezcan y menos se acerquen a los sitios de desperdicios. Les recomiendo los olores del recorrido, son fabulosos. Es naturaleza, vamos a gozarnos esa maravilla y a disfrutar el colorido. Hoy está haciendo un buen día. ¿Alguna sugerencia, alguien tiene un rugido? Bueno, entonces ánimo y a pasear, para eso salimos de la casa.

Felipe, un pequeño de doce años, estaba impresionado con la manera en que José Arturo Fonseca daba instrucciones a los perros. No se imaginaba ese diálogo y menos ese discurso lleno de recomendaciones. Poco a poco el paseador de perros y sus obedientes amigos se iban alejando camino a un día entretenido. En principio todos iban juiciosos y cada uno cuidaba su posición. Entre esa multitud de perros se aprecia el labrador, el pastor alemán, el bóxer, el golden retriever, el dóberman, el maltés, el pastor ovejero y el chow chow, entre otros. Felipe envidiaba ese paseo y sobre todo las historias que cada uno de ellos podía contar de su vida en casa y de su elocuente paseador.

Teatrero de la historia

Cada vez que escucha el tintineo de las monedas en el fondo de la mochila, sabe que está haciendo por vivir. Cuando desliza sus dorados dedos por los billetes que van llegando, entiende que va por el sendero por el que escogió trasegar. Al escuchar las voces de ánimo que los espontáneos le lanzan, recuerda que lo más preciado de la existencia es el reconocimiento por las buenas obras. Él decidió no dejar perecer unas leyendas a través de un lenguaje, así las penurias del esfuerzo laceren su autoestima o la indiferencia haga mella en su entusiasmo.

El tono de su alma se eleva cuando en las noches escucha el coro que para él es celestial: «Buenas noches, profesor». El brillo de sus logros se hace máximo cuando al final de cada clase los alumnos lo aplauden o se acercan a darle la mano en señal de agradecimiento por las enseñanzas brindadas que se constituyen en semillas sembradas correctamente.

Las vibraciones de su ser lo estremecen cuando en las horas últimas se encuentra en su refugio y ve reunidos los tesoros recogidos, las monedas, los billetes, los ejercicios de sus alumnos y la bodega de su alma repleta de emoción. Ninguna noche es igual, a veces no tiene vibraciones, no siente los tonos de su alma, no experimenta el brillo de su ser, no hay tintineos intensos y muchas veces no hay roce de billetes con sus dorados dedos. Siempre está solo. Son esas horas en las que la impotencia lo arropa con la frialdad de la soledad.

Ningún día es igual. El que viene será pletórico. Grandioso soñar con semillas esparcidas en terreno fértil y produciendo y multiplicando mensajes que penetran en los seres. Esa es su misión.

Su doble existencia no le preocupa. Así fue como escogió, al aire libre iluminado por el sol y entre las aulas en las noches. Es la manera de desprenderse de sus «obligaciones» como las denomina al iniciar el rito cotidiano.

A las cinco de la mañana de cada amanecer se promete sembrar mucho en esa jornada para regresar cargado de energía y rebosante de propósitos cumplidos. Comienza la creación de una de sus caras. Con parsimonia y calma calculadas hace las mezclas que le darán el tono dorado que lo iluminan en el día y que es un canal comunicante de su discurso, de sus ideas, de sus necesidades.

Este profesor tiene tres identidades, la suya, la original; la dorada, para el día; y la del formador, en las noches. Es Mauricio Valbuena, treinta y tres años. Licenciado en Historia por la Universidad de Caldas. Un metro y ochenta centímetros de estatura. Delgado y de piel trigueña. Sus ojos son castaños y su cabello negro, que luce un corte por encima de las orejas y ajustado atrás. Se viste de jean y camisas de vaquero, prefiere los zapatos de gamuza y las chaquetas negras. Su voz es fuerte con tonos graves. No lleva anillos, pero sí un reloj de pulso con los números romanos por el significado de la historia. Es delgado y sus músculos sobresalen en los brazos y piernas. Levantó pesas en su paso por la universidad.

Sin embargo, son más las horas del día que permanece con su identidad teatral. Se maquilla el cuerpo de dorado: la cara, los brazos, las piernas y el pectoral. Utiliza acuacolor o mehron que compra en tiendas de maquillaje teatral.

Adorna su cabeza un enorme tocado de plumas elaborado con delgadas y coloridas telas adheridas a un cartón. Los accesorios son dos brazaletes de aluminio amarillo resplandeciente y un collar de cuentas que cubre su pecho y que, según su propio discurso, es similar a la orfebrería de la época. Un pantalón corto de seda artificial es su único vestuario. Descalzo y con absoluta rigidez, cada día hace presencia en la Autopista Norte con calle 85 de Bogotá y recita con potente voz párrafos enteros de la historia del cacique Muisca que se sumergía en la laguna de Guatavita impregnado de oro y cargado de tesoros que las comunidades cedían como ofrenda a los dioses del agua.

Las tribus indígenas de la época prehispánica se percataron del afán codicioso de los invasores por el oro. Esas piedras doradas enloquecían a los recién llegados, que mataban por obtener esos tesoros. Hábilmente los aborígenes narraban historias de lejanas sierras y profundos valles en los que supuestamente existían otras cargas preciosas desde muchos años atrás. Así creció la historia de El Dorado. Al decir de los historiadores como Mauricio Valbuena, tales riquezas no existían. Para engañar a los violentos conquistadores se inventaron las fábulas.

Pues bien, toda esta riqueza cultural es la que pregona el dorado hombre. La rutina ya está establecida. Ocho de la mañana, comienza el espectáculo. Es en el carril de la autopista que conduce de norte a sur. Semáforo en rojo, son tres minutos con treinta segundos que tiene para enviar el mensaje y recoger los aportes. «Somos mestizos. No debemos olvidar nuestros orígenes y cómo las fuerzas foráneas los erradicaron. No fue una conquista, fueron masacres; no fue un descubrimiento, fue un robo continuado; no trajeron cultura, dejaron enfermedades y vicios. Nuestras tribus de indios fueron sometidas a vejámenes y humillaciones.» Es el tono de la diatriba del espontáneo profesor. Se mueve despacio pero seguro entre las filas de vehículos. Un minuto por el centro y regresa por otro costado en un minuto más. Reivindica la cultura de los primeros pobladores de la América. Los menciona en diferentes momentos del día. Los incas, aztecas, mayas, chibchas y todas sus familias. Clama por el respeto por la naturaleza y narra breves relatos del culto al sol, al agua, la luna, la noche de los aborígenes. Repite con frecuencia en su libreto la frase «me pueden olvidar ya mismo pero no a nuestros hermanos indios. Ellos mostraron el camino y lucharon». De nuevo en el frente del cruce levanta una mochila tejida en La Guajira y con la mano en el pecho agradece las donaciones. En cada intervención alcanza a integrar al menos quince vehículos.

Ese momento es glorioso para este educador porque más allá del dinero pone mucha atención a las frases de su auditorio improvisado. La mayoría son voces de apoyo, de solidaridad y aceptación y de vez en cuando alguien le grita que «coja oficio», a lo que él responde con una marcada sonrisa. Son más las voces que lo animan y respaldan.

Semáforo en verde y en el separador vial descansa, toma agua, se pule el dorado y se ajusta el tocado de plumas. Cuando llueve se refugia en una estación de servicio aledaña y aprovecha para leer uno de sus tesoros. Siempre está ligado a los textos de la historia. «Hago esto por vocación, siento la necesidad de hacer memoria, de no olvidar a seres que nos antecedieron y nos dejaron un legado y que por fuerza de la mala historia han sido estigmatizados», le dijo a un reportero del CanalBogotá que produjo un reportaje sobre este profesor, teatrero de la calle.

Son cuatro horas de esa acción teatral. Al final, al mediodía, se retira de su escenario. Camina unas calles y toma el taxi rumbo a su refugio. Las emociones que afloran en ese viaje se constituyen en una especie de catarsis por la profundidad de la experiencia. Es ahí, en esos minutos, cuando vive con máxima intensidad el resultado de su locura genial.

En la noche es el profesor de historia. El maestro Valbuena, reconocido por su estilo teatral de dictar las clases. Prefiere recrear sus lecciones con actividades lúdicas en las que involucra a los alumnos para que entiendan la importancia del pasado y comprendan el camino marcado, ya recorrido. Es una rutina que los alumnos conocen. Al llegar al inmenso salón de clases se despoja de la chaqueta, se arremanga la camisa y saluda: «¿Estamos listos?». Orienta formación en los primeros grados de la secundaria y en los últimos, es con los jóvenes más adelantados con los que genera mayores debates sobre la existencia y la necesidad de mirar la vida con sencillez.

Una noche, cuando disertaba sobre la falta de atención para las comunidades indígenas existentes, una alumna le dijo que vio en una avenida a un hombre disfrazado que proclamaba la defensa de esos antepasados y que ella creía que se trataba de una farsa para conseguir dinero. Ripostó un joven, quien exclamó que no se debe juzgar a las personas, a lo que complementó otro que cada quien se debe dedicar a lo suyo y no meterse en la vida de los demás. Una joven de color manifestó que ella también había visto al dorado hombre y que creía que eso era arte. El profesor se conmovió y emocionó pero no intervino, dejó avanzar la discusión. «Es claro que no sabemos las motivaciones de esa persona ni sus dramas, ni por qué se disfraza y pide plata. No necesariamente tiene que ser un limosnero o vicioso. Puede ser un teatrero. Todas las personas son maestros y dejan enseñanzas, depende de cada auditorio. Aun de las personas más estigmatizadas podemos generar aprendizajes», exclamó una alumna de la clase. Valbuena sentía que le ardía el estómago, un calor le recorría el cuerpo. Asistía a un debate de manera clandestina, hablaban de él, pero no lo sabían. «Es un payaso», sentenció un estudiante de nombre Rodolfo quien se caracterizaba por su agresiva manera de comportarse. El profesor siempre asoció esa manera de ser a los problemas de drogadicción de los padres del joven. «Los hijos heredan esas tragedias», le manifestó una tarde al propio estudiante. Varias voces se alzaron para opinar que a la gente es necesario escucharla y entonces alguien se atrevió a proponer llevar al dorado hombre al aula. Hubo una votación, la mayoría levantó la mano para apoyar la iniciativa y entonces le solicitaron al profesor Valbuena adelantar la gestión para invitar al defensor de los aborígenes a una clase. El profesor contuvo las lágrimas, miró a los estudiantes durante un silencio que se hizo eterno y dijo: «Listo, me comprometo a traer a este salón al dorado hombre, yo hago las gestiones y lo voy a convencer para que haga su disertación aquí y lo podamos escuchar tal cual como si estuviera en la avenida. No lo vamos a juzgar, vamos a conocer nuevas experiencias. Termina la clase. Buena noche, jóvenes».

A media noche, en su refugio, Mauricio Valbuena vive su soledad. Arrastra las tristezas del desafecto. Su mundo está en la calle, en medio de muchos y en medio de nadie, está en el salón escolar como guía de jóvenes que le han dado su confianza y esperan todo de él, pero en su noche, está solo. Lleva una doble vida que ahora tendrá un nuevo desarrollo. «A preparar el siguiente acto», se dice, y se entrega al descanso.

Sueños invadidos

Fresia vive obsesionada por el nombre que sus padres escogieron para ella. Sobre todo por la combinación que resulta con el apellido, Fresia Manzano. «¿En qué estaban pensando mis padres cuando decidieron bautizarme como si se tratara de una floristería?» Desde hace muchos años sabe que las fresias son flores con forma de campana, con maravillosa fragancia y muy apetecidas en el mercado. Desde el colegio y luego en la universidad ha sido objeto de bromas. Eso le fastidia, la confunde. «Es una pesadilla sin fin», suele decir. En alguna ocasión llegó a sus manos un relato de la escritora Luisa Mercedes Levinson, llamado *El sueño violado*, en el que la protagonista, Elsa Grau, se inmiscuye en el sueño de un hombre. La narración impacta a Fresia, se cuestiona sobre los sueños. Especula sobre los vaivenes de la mente y los diálogos intensos que aparecen a ultranza en las horas de descanso.

Está leyendo en el sofá de su casa. De pronto se apaga la luz, hay una falla en el sistema eléctrico, ella se levanta en busca de su habitación, pero entre las sombras ve unas escaleras al fondo, decide bajar, son de madera, trepidan. Siente el sueño pesado de una persona. Es como un sufrimiento, no hay placidez en ese intento de descanso. Es un hombre, ahora está con él, percibe un sudor tibio, abundante. Las agitadas imágenes intermitentes le perforan la piel y la intimidad.

El sujeto está en un catre viejo, Fresia recuerda que en la narración de Elsa hay también un catre. Ella, Fresia, siente en su humanidad cómo el hombre se revuelca y lucha para evitar una invasión que presiente. Acostado en un césped tupido, Daniel, como se llama este sujeto, se defiende de los helechos que han cobrado vida y recorren presurosos su piel buscando algún orificio. En medio del cuerpo a cuerpo con las verdes e inquietas ramas, Daniel ve el rostro de su hermana Rosa que le susurra «agua, agua». Un joven y agresivo helecho se ha acercado a los ojos de Daniel y este, inevitablemente, siente que sus pupilas son abrazadas por un frío intenso que lo estremece y le causa un dolor terrible. Mientras la imagen de Rosa se pierde, los gritos del hombre se ahogan en las húmedas formas de la almohada. De pronto, Fresia siente cómo su espalda es irrigada por un fuerte chorro caliente, son los orines del sujeto que, encima de ella, vocifera y se contorsiona, en ese momento comprende que ella es el mismo catre sobre el que duerme Daniel. No lo puede creer, está en el sueño. La angustia de Daniel por la invasión de los helechos a sus ojos y la dramática expresión post mortem de la hermana le provocaron una meada fenomenal. Despierto ya, pasa sus manos sobre la pantaloneta húmeda y tibia, se palpa los ojos y el tórax y se le viene a la mente Rosa, su hermana, la mujer que murió ahogada arrastrada por una creciente del río Claro cuando cruzaba un puente en el pueblo de Villamaría, conocido como *la Ciudad de las Flores*. «¡Qué mierda!», exclama. Se sienta torpemente en la orilla del catre y decide que es hora de comenzar el día, además, porque en breve llegará la siguiente usuaria de ese lecho. Rápidamente retira la sábana que huele asqueroso y cubre con una colcha ese nido que, en lugar de descanso, le proporcionó una noche con pesadillas. Apenas despunta el día, sin embargo hay sofoco porque esa región está a pocos metros sobre el nivel de mar y la temperatura asciende por encima de los 28 grados, así que las jornadas diarias y nocturnas son acompañadas por un molesto calor que hace más fuertes los olores, más húmedos los cuerpos y fastidiosas las madrugadas.

Fresia no entiende lo que sucede, pero está en el sótano de su casa, el incontinente hombre ya no está pero, ¿ella? Quiere despertarse, no puede. Mira su humanidad, dos extensiones de roble delgado arropadas por una lona blanca y con tres aspas de soportes al suelo. Se ve manchada, nauseabunda y vieja. Está recostada a una triste pared agrietada. «Acepta tu desdicha y alberga a otros ya que no puedes tener tus propios sueños. Eso de estar violando las pesadillas ajenas te condena.» No identifica de dónde viene esa voz, pero el eco se mantiene. No tiene movilidad, está condenada a ser una cama. «Ni eso, al menos las camas tienden a ser más cómodas y amplias», se dice. Los catres no son usuales en las casas de familia, se usan en hostales de mala muerte, en residencias para aventuras sexuales de afán, en campamentos de campesinos itinerantes u obreros de la construcción. También se utilizan en edificaciones abandonadas adonde llegan los viciosos a sus oscuras jornadas. «¿Cuándo me convertí en cama de alquiler?», se cuestiona la mujer. Mientras escucha discusiones lejanas y siente frío en los pies, experimenta sobre su humanidad el peso de un cuerpo. Está caliente, huele a licor y cigarrillo. Vive el roce de una piel. Los olores que se mantienen en el ambiente del anterior usuario se unen a estos que convierten a la pequeña habitación en un hueco repugnante y oscuro que transpira abandono. La nueva ocupante del catre se entrega por completo a la dureza de la lona y Fresia, presa del pánico, ve venir el sueño de Dalia, la nueva huésped.

Dalia está hablando con la cama, le pregunta por su origen, por su pasado. Es un diálogo en el que solo se oye una voz. La cama no responde. Dalia, entonces, convierte a esta recién conocida en su paño de lágrimas y le narra una historia increíble. «Trabajo en el Jardín Botánico en las labores de aseo. Siempre me han gustado las plantas, no sé de dónde viene eso. Será porque mi madre me bautizó Dalia. Es una flor de todos los colores y con un olor maravilloso, es fragancia de perfume, así yo huela a mierda. Entré a trabajar en esa finca recomendada por un jardinero que vivía en el barrio Primavera, éramos vecinos. Eso está lleno de flores y árboles de toda clase. Pero a mí lo que más me gusta son los helechos. Me parecen muy bonitas las ramas y las formas que tienen. Me gustaría ser un helecho, que me salgan hasta por los ojos. Mis mejores sueños son cuando aparecen los helechos. Es como un descanso. Dice el ingeniero que los helechos no tienen semillas y que son como un aparato para mantener la temperatura de la Tierra, algo así como para que no le dé fiebre. ¿Se imagina, amiga, que yo fuera un helecho y pudiera parar estos calores que me dan? Claro, que el doctor que cuida el jardín dice que los helechos tienen arsénico para envenenar a los bichos. El único veneno que yo tengo es esta maldita pobreza que me mandó aquí. No tengo ni dónde caer muerta. Este catre es compartido con un sepulturero que está más jodido que yo. Él duerme de noche y yo de día. Yo trabajo en el edificio de las oficinas limpiando por la noche, pero cuando termino me voy para el jardín y converso con los helechos. Son mis amigos. Después salgo como a las cuatro de la madrugada, me empujo unos aguardientes y un pucho, espero a que me desocupen este catre. Un día me las ingenio para despachar al sepulturero a un hueco de esos que él hace. Aunque sea con helechos, le embuto arsénico hasta que le salga por los ojos», comenta.

Fresia Manzano se sacudió con fuerza, casi que con violencia. Logró despertar. «¿Qué clase de sueño y de personajes son estos?», se pregunta. «¡Qué sueño más disparatado y loco! ¿Qué joda es esta?», murmura. Está en el sofá, el libro de Luisa Mercedes Levinson reposa en el suelo. «Ahora mis sueños se los tomaron las flores y las plantas. ¡Qué locura!», exclama enfadada.

Es hora de retomar la jornada. Quiere olvidarse de los helechos, las flores, los orines, los olores, las historias tristes y de pesadillas. Fresia Manzano se marcha al trabajo como todos los días. Desde hace cinco años se desempeña como ejecutiva de ventas de Jardines de Paz, un cementerio en las afueras de la capital en donde las tumbas están integradas al paisaje en medio de extensos jardines. En la entrada principal, en un enorme aviso se lee: *«Con la fragancia de las dalias, las rosas y todas las flores que la naturaleza nos brinda, acompañamos los sueños eternos»*. Fresia cruza la puerta, se le viene a la memoria el sueño, pero después de leer ese enorme cartel no sabe si la pesadilla ha terminado.

La extensión de mis orejas

Hace unas décadas que descubrí los audífonos. Desde el primer momento se adhirieron a mi existencia y hoy son parte de mi cuerpo, son una extensión de mis orejas. Los primeros sonidos que llegaron por esa mágica conexión fueron las noticias de la radio. Escuché el relato de un periodista que, al borde de las lágrimas, describía el panorama trágico que tenía al frente: «Armero, el pueblo blanco de Colombia, ha desaparecido. Solo veo lodo en kilómetros a la redonda y, hasta donde alcanza mi vista, no percibo ninguna persona. La avalancha en el río Lagunilla, ocasionada por la erupción del volcán Arenas, sepultó treinta mil personas. ¡Qué tragedia!».

Los audífonos y la radio. ¡Qué goce!

En un cálido rincón de mi casa, que fue el refugio de descubrimientos, traje los sonidos del mundo solo para mí. En un radio transistor de siete bandas conectaba con disímiles culturas. Por ahí conocí a Radio Francia, la Voz de América, Radio Nederland, la BBC de Londres, la Radio Nacional de España, una estación argentina, Radio Spléndid y muchas más.

Con frecuencia, en Spléndid, la orquesta de Aníbal Troilo iluminaba el pentagrama musical del viejo Buenos Aires con *Quejas del bandoneón*. ¡Qué jolgorio el del alma con esa melodía inspiradora!

La Radiodifusora Nacional de Colombia me enseñó a Pablo Neruda en su propia voz:

«Al agua van tus ojos y levantan las olas,
a la tierra tus manos y saltan las semillas,

en agua y tierra tienes propiedades profundas
que en ti se juntan como las leyes de la greda».

El sueño me tomaba en sus brazos cada noche y ahí permanecían los audífonos replicando voces, sonidos, historias, teorías, profecías.

Así me enteré de una reflexión de Albert Einstein que, traducida al español, decía que no tenía idea de cómo sería la tercera guerra mundial, pero que, sin duda, la cuarta sería a pura piedra.

La ansiedad de conectarme a los audífonos no tenía fin. Mi abuelo, amante de la radio, en su inmensa ternura me tomaba de la mano y me llevaba al almacén para comprar los pequeños receptores cuando, por tanto uso, los que tenía se averiaban. Mi abuela, en su dulzura infinita, me indicaba con leves caricias que la comida estaba servida. Conectado, poco me enteraba de la realidad en mi entorno.

«He aprendido mucho de los que me llevan la contraria», dijo Gabriel García Márquez en una entrevista a la Radio Nacional de España comenzando la década de los noventa. Lo escuché en una madrugada. En ese momento amé los libros y la literatura y la radio.

Juan Gelman, ese gran hombre de la poesía, leía sus versos y los retransmitía la Radio Nacional de Uruguay.

«Una mujer y un hombre llevados por la vida,
una mujer y un hombre cara a cara
habitan en la noche, desbordan por sus manos,
se oyen subir libres en la sombra,
sus cabezas descansan en una bella infancia
que ellos crearon juntos, en plena de sol, de luz,
una mujer y un hombre arados por sus labios
llenan la noche lenta con toda su memoria,

una mujer y un hombre más bellos en el otro
ocupan su lugar en la tierra.»

Han sonado tantas hazañas, tristezas y alegrías por mis
oídos. Cuando la frecuencia modulada (FM) penetró mis
tímpanos, fue como erradicar el cerumen del conducto au-
ditivo.

¡Mis audífonos, la radio, el mundo y yo, una cadena!

Los he tenido de todos. De diadema, de cómodas espu-
mas, de inmensas tapaorejas, de diminutos parlantes que
penetran hasta el fondo y aíslan. Las empresas productoras
de estos artefactos se empeñan en dejar sordos a sus usuarios
con tanta inventiva para atrapar los sonidos. La potencia
y nitidez son claves en estos aparatos. Se habla de hercios
para medir los rangos de frecuencias, bajas y altas.

Hoy son muy comunes, cada vez la gente se aísla más. Se
ve en los metros del mundo, en los autobuses, en las ave-
nidas, en los parques, en los bares, en bibliotecas. Seres co-
nectados a sus audífonos. ¿Qué escucharán? ¿Qué secretos
contarán esas orejas extendidas? ¿Qué frecuencias invaden
esas existencias?

No importa si van escuchando audiolibros de medita-
ción o ritmos de heavy metal, jazz, pop, rock, salsa, poesía,
boleros, a Bach, Mozart o ejercicios para aprender un nuevo idioma. Es claro que nos ganó la tecnología y el consumismo.

Hoy no escuchamos los rumores del viento cuando des-
peina las palmas, ni el correr del río que nos enseña que la
vida fluye, ni el canto sereno de los pájaros en el bosque.
Nos tapamos los oídos para no percibir la sencillez.

Es la tecnología que arrasa con los sentimientos. No hay
espacio para cantarte versos y contarte historias. Mis audífonos me revelaron parte del mundo, pero me alejaron de

aquí y de ti. Te escribo estas danzas alfabéticas que, seguramente, no escucharás, porque también tienes extensiones en las orejas.

Nuestros besos son una locura desquiciada
un ascenso vertiginoso con polenta de saeta
un descenso enceguecido desde el mirador del día.
Nuestros labios son cuatro frambuesas
que se descifran en secreto
se depuran
se abastecen
se transforman.

En fin, algo hay que idearse para que, por esas orejas extendidas que todos tenemos, se pueda llegar al alma de todos con la esencia del Ser.

Hay montañas, ¡qué sorpresa!

Julio 15 del año 2015. La vida es maravillosa y maestra porque me permite hacer presencia en el presente y observar, sin juzgar, unos acontecimientos. Están interrelacionados y con una carga mágica. Las lecciones son enormes. Alguien diría que asusta esta causalidad, yo digo, ¡qué gozo poder ir más allá!

Reportan los medios porque alguien quiere que nos concentremos en eso: la sonda espacial New Horizons, después de viajar desde el año 2006, llegó a 12.000 kilómetros del planeta Plutón y mandó unas fotos. Dicen los científicos que hay una sorpresa: «Plutón posee montañas de agua helada que se elevan unos 11.000 pies (3.500 metros) —y agregan—: Esta es una de las superficies más jóvenes que hemos visto en el sistema solar, se formaron probablemente hace no más de cien millones años, jóvenes en relación con la edad del sistema solar, de 4.560 millones de años, y puede estar todavía en proceso de construcción». Lo que no escuché decir es que el planeta existe y vive, permanece.

El habitante de la Tierra, obsesionado siempre por marcar con tiempos una existencia. Les causa sorpresa saber que hay montañas en ese planeta. Seguramente en todos hay y no importa, aunque las de aquí las desaparecen y derrumban. ¿Qué están buscando afuera? Solo cuando nos miremos adentro podremos entender el exterior. Cuando encontremos nuestro interior abriremos las puertas y asimilaremos el exterior, incluso ese universo que hoy los desvela por las distancias, los cráteres y el silencio.

Se hacen viajes al exterior para evitar ver, por miedo, el interior. El ego nos aleja de las realidades y nos distrae con falsos descubrimientos. Los apegos nos llevan a los «nuevos horizontes», nos venden el cuento, los compramos y, entonces, seguimos a la deriva como sonda espacial.

Otros medios dicen que las redes sociales estallaron con el discurso de una parlamentaria de veinte años de edad en el Reino Unido. Ella criticó al gobierno porque este decidió eliminar los subsidios de vivienda que se otorgaba a los jóvenes. Se acostumbraron a la zona de confort y les da miedo que les corten las ramas. No se atreven a volar solos. Hay países en donde la gente muere de hambre. Los habitantes cada día se levantan a esculcar desperdicios, viven ese ahora y no saben de subsidios. Hay ciudades en donde alimentan a los más pobres y estos no hacen más, porque cada día llega el alimento, otra forma de confort. El perverso asistencialismo.

En México el volcán de Colima está en erupción, fue necesario evacuar al menos mil personas. Ese volcán vomita cada cien años y la Tierra vuelve a nutrirse para ser fértil. Colima significa fuego, la Tierra evoluciona, sus montañas se estremecen y todo el entorno del planeta se enturbia con la contaminación. De pronto algún día en algún lugar de la galaxia alguien dirá: «Qué sorpresa, allá hay montañas».

Seguramente los efímeros habitantes, a quienes el tiempo los apuraba, se encargaron de autoextinguirse pero el planeta vive. Hay una energía natural que se mueve y articula y siento que hago parte de ese movimiento universal infinito que hoy nos tiene aquí y punto.

Cuando las aguas del Pacífico se calientan, las ballenas yubartas viajan miles de kilómetros, desde el sur del continente para aparearse, unas; y tener sus crías, otras. Pues bien, a mediados de año están frente a las costas colombianas. Su enseñanza es majestuosa: es natural salir de las aguas frías y cumplir con el proceso y volver. Navegan en aguas profundas, en calma, sosiego y silencio. Así se moverán los planetas, silenciosos empujados por la energía del Universo.

Así siento que debo fluir en este efímero paso, no con la materia sino con el corazón. Navego en aguas profundas sin empujar nada y haciendo parte del devenir articulado. Viajando por las constelaciones sin pensar en tiempos, distancias o sorpresas.

Soy consciente de que es necesario dejar huella, como semillas que se multiplican. ¿Qué será lo indicado? Creo que lo siento: no ir en contra de la naturaleza porque es mi hábitat, por el contrario, hacerme uno con ella; en lugar de hacer viajes fuera de toda órbita, emprendo la travesía por mi Ser, ¡qué mágico! Ahí sí habrá sorpresas y no precisamente por las montañas congeladas, serán por el gozo de lanzarme a la incertidumbre de la Creación.

Soy de este Universo. Ni vengo ni voy. Aquí estoy. Soy espíritu del Universo, parte de la Creación. Algún día, con la fuerza de un volcán mi espíritu será lanzado no a millones de años luz sino a este mismo Universo empoderado de silencio y cargado de energías luminosas que van más allá, mucho más allá de unas necesidades propias de este plano. La naturaleza, sin que nadie medie o intervenga, calienta las aguas para que las ballenas y otras especies lleguen, es un subsidio, pero en este plano no existen las calificaciones ni los nombres. Simplemente es así. Igual las aves migratorias, las flores de las estaciones o la vida en un vientre fecundo que se forma. ¿Cuál subsidio?

¿Qué espacio quiero ocupar en esa inmensidad? Nada me debe preocupar de lo material y dedico toda mi fuerza al viaje profundo de mi ser. No hay que controlar la realidad, aun los medios de comunicación nos vendan esas historias con otros intereses. Acepto mi existencia aquí pletórico y no califico nada porque simplemente aquí estoy, el Universo es mi Universo. Y esa fuerza que mueve los planetas, que empuja las ballenas, que late dentro del volcán está conmigo para vivir en armonía con esta infinitud más allá de las creencias de aquí.

¡Gracias!

Llegar a Santiago es comenzar de nuevo

La llegada a Santiago de Compostela fue la erupción de un volcán. Toda clase de emociones se desbordaron explosivas por todo mi ser y afloraron con una fuerza placentera que irrigó todo mi cuerpo. Fueron secuencias de un éxtasis acumulado, no solo durante los treinta y cuatro días de camino sino en la jornada existencial próxima a los cincuenta y tres años.

Los últimos veinte kilómetros del sendero fueron particularmente duros por la intensa lluvia que se asomó entre Pedrouzo y Santiago de Compostela. No había terminado la penumbra y ya decenas de caminantes se enfundaban en esa ruta mágica que significa dar colofón a una peregrinación o expedición que se paseó por entre los Pirineos, La Rioja, la Meseta castellana, León, el emblemático Ocebreiro, Galicia, La Coruña. De oriente a occidente se paneó una parte de la España siempre cargada de historia enriquecida a cada tanto por los miles de caminantes que tienen al apóstol Santiago como faro de esa misión y de esa experiencia.

En las primeras horas se conjugan muchos elementos que arrugan el alma del caminante y que a la vez iluminan sus ojos y su rostro cobijado por las huellas del viento, el sol, la lluvia. El espeso bosque de la madrugada es el primer testigo de iniciales pasos de la última jornada. Piso blando y fresco se tiende a los pies del peregrino. Así como se va saliendo de la penumbra se va dejando la manigua y aparece un paisaje que, adornado por las mantas blancas y grisáceas de la niebla, es triste y opaco. Se aprecia una colina y en ella infinidad de luces intermitentes. Es el aeropuerto de Santiago. Se convierte en una meta intermedia. Llegar a esos terrenos es comenzar a pisar el vecindario compostelano. El rugir de las turbinas traslada la imaginación del peregrino a su próximo salto. Terminada la peregrinación, ¿hacia dónde es el embarque? Pero para bordear las pistas y zonas adyacentes del terminal aéreo hay trecho. Son veredas y casas de campo destinadas al recreo y el descanso. Entre leves ascensos transcurren esas horas ya entrada la mañana del día final.

La lluvia fuerte, fría y constante se empeña en acompañar a los viajeros de ese día. La ruta que en los mapas y reseñas de viaje parecía sencilla se torna difícil e imprime toques de sufrimiento. La mente, que se ha vuelto rebelde en toda la peregrinación, aparece dichosa con sus apartados. Revive las duras jornadas de sol, de ascensos, de dolores, de agotamiento. Se juntan, entonces, los recuerdos penosos de antes con las angustias de ese presente, que por la lluvia torna exigente la jornada. Mientras los aviones salen y llegan, un montón de caminantes bordean los predios del aeropuerto. No deja de ser emocionante ese momento de la etapa, porque para muchos la travesía es el comienzo de un nuevo viaje. Terminar en Santiago es abordar un nuevo destino. Es levantar vuelo. Tal vez por eso, en ese tránsito, son los aviones los del ruido mientras los hombres y mujeres que buscan llegar a la plaza del Obradoiro permanecen en silencio y mantienen el ritmo. Llegan las famosas rectas interminables de un sendero pavimentado rodeado de árboles enormes que son testigos de cada paso. Pero es la lluvia que arrecia y que acompaña con el viento frío a los protagonistas.

En San Pelayo, un café del camino, es el refugio temporal para una bebida caliente, un descanso y escurrir las prendas totalmente mojadas. No hay marcha atrás. La lluvia no cesa, faltan diez kilómetros y el temporal se recrudece. A marchar se dijo. Saber que se camina ya dentro del perímetro del municipio de Santiago produce una agitación en el cuerpo y en el ser. Aparece la mente intentando erradicar las emociones buenas y hace recordar que el pronóstico del tiempo es lluvia constante durante el día. Rectas húmedas, eternas y lánguidas siguen en el frente. Cinco kilómetros de camino escurriendo agua se llega al monte do Gozo. Es maravilloso pero la emoción de estar allí no es tanta por las condiciones tan frías del clima. Además, en una imagen nublada y muy gris se aprecia a lo lejos Santiago y su catedral. Se acelera la respiración y se excita la circulación sanguínea. No es exagerado decir que esa última jornada fue una pesadilla por la lluvia, pero pasados los días la reflexión es otra: la lluvia es parte de la naturaleza, se desgaja de las nubes maravillosamente y corre libre y desprevenida. No hay obstáculos que la detengan ni pendientes que la limiten. Simplemente cae y busca correr sin destinos premeditados. Así debe ser la existencia. Espontánea, rendida. En aceptación sin juicios. La lluvia de esa jornada es un colofón grandioso para tan magnífica travesía, se vive y se aprecia lo que cada día se pone al frente en la vida. Ningún peregrino se queja del fuerte sol, o del intenso viento, o de la lluvia. Es una relación cálida con la naturaleza, pero somos seres humanos formados en creencias y resabios. Eso nos torna débiles y flojos. No hay tal.

Ya en las calles de Santiago, la erupción se siente. Surge un afán. Desfilan muchas imágenes del camino, es increíble, estoy aquí. Primero, la ciudad más reciente, construcciones modernas y calles amplias, al fondo las estructuras que gritan historia. Coincide la hora del mediodía con el descanso de los santiagueños. Se apresura el paso y como por arte de magia, la lluvia se convierte en solo brisa y la tempestad se esparce maravillosamente y no arropa más a los felices y emocionados peregrinos. Últimas cuadras de camino. ¿Por dónde? ¿Por dónde? La señal, ahí está. Es la compañera más fiel del sendero, la flecha amarilla que señala el destino y que puede aparecer en un muro, en los árboles, en las piedras, en las fachadas. Ahora ya está en el alma y señala el buen camino.

Por fin los peregrinos están entre las construcciones centenarias, se mezclan las ropas muy mojadas y las botas muy empantanadas de los expedicionarios con los habitantes de la ciudad. No falta un saludo amable y cariñoso de alguien que observa los rostros nunca imaginados del peregrino que llega a su destino luego de ochocientos kilómetros de camino.

Se desciende por unas escaleras, un músico callejero interpreta su violín, es la bienvenida, ¡qué bello! Últimos metros, estamos descendiendo por un costado de un parque, al fondo se aprecia parte de la gran plaza: llegué, llegamos. Qué fuerte, qué emoción, se desbordan las lágrimas y cada una de ellas es felicidad y gozo. Paz y sosiego. Deliran las ansias y la inmensa catedral se alza sobre la humanidad peregrina y el silencio se apodera de cada persona. De rodillas, abrazados, aferrados a contra el pecho, amarrados a por la vida. Aquí estamos, pero el peregrinaje sigue, ahora con un bastón en el pecho y una concha caminante en el espíritu.

www.ingramcontent.com/pod-product-compliance
Lightning Source LLC
La Vergne TN
LVHW010658200726
843507LV00011B/1920